Wissen und Entdecken
Das bunte Kinderlexikon

Tiere

© 2002 für die deutsche Ausgabe
by Egmont Franz Schneider Verlag GmbH, München
Alle deutschsprachigen Rechte vorbehalten

Titel der französischen Originalausgabe: L' encyclopédie Larousse des 6/9 ans
La vie des animaux
© Larousse/HER 2000
Text: Barbara Paviet
Illustrationen: Florence Guiraud, Guillaume Decaux
Übersetzung aus dem Französischen: Susanne Spottke
Umschlaggestaltung: Bittner-Design, München
Satz: Bittner-Design, München

Printed in Singapur

ISBN 3-505-11748-X

Wissen und Entdecken
Das bunte Kinderlexikon

Tiere

Schneider
Buch

Tiere

DIE TIERE UND IHR NACHWUCHS

Viele Tiere schlüpfen aus Eiern.

Einige Tiermütter kümmern sich lange Zeit um ihren Nachwuchs.

Männchen und Weibchen leben meist nicht ständig zusammen. Sie treffen sich nur, um Nachwuchs zu zeugen.

Nachwuchs zeugen

Für alle Tiere ist es wichtig, Nachwuchs zu bekommen. Deshalb müssen sich ein Männchen und ein Weibchen den Hof machen. Man nennt diesen Moment der liebevollen Begegnung die Balz*.

Männliche Schwalben müssen lange und wohl geformte **Schwanzfedern** besitzen, um die Weibchen zu beeindrucken.

Ein schöner, großer **Hahnenkamm** ist ein Zeichen von Gesundheit. Damit verführt der Hahn die Henne.

Jeder will der Beste sein!

Bei den meisten Tieren ist es das Männchen, das alles versucht, um das Weibchen zu erobern. Ein Hirsch, ein Vogel oder ein Fisch werben auf unterschiedliche Art um die Gunst des Weibchens, aber jedes Männchen hat das gleiche Ziel: Es will dem Weibchen zeigen, dass es das schönste und stärkste Tier ist und deshalb gesunden Nachwuchs zeugen kann.

Der **Hirsch röhrt**, um Ricken* anzulocken. Sein Geweih* sollte kräftig und groß sein, denn dies ist ein Zeichen von Gesundheit. So wird er den weiblichen Rehen bestimmt gefallen.

Eine **dichte Löwenmähne** und starke Muskeln machen großen Eindruck auf Löwinnen.

? Wie kann man bei den Tieren Männchen und Weibchen unterscheiden?

Bei vielen Tieren ist das Männchen bunter oder größer als das Weibchen, oder es hat gewaltigere Hörner.

Ist das Weibchen weniger schön?

Es wirkt zwar unscheinbarer, aber das hat seinen Grund: Weil das Weibchen unauffälliger ist, kann es sich in aller Ruhe um den Nachwuchs kümmern.

Wenn das Weibchen stärker wäre, könnte es dann seinen Nachwuchs verteidigen?

Bestimmt, aber es würde trotzdem das Risiko eingehen, getötet zu werden. Und die Kleinen können ohne ihre Mutter nicht überleben: Nur sie weiß, was sie brauchen. Das Männchen kann sie nicht ersetzen.

Das Gesetz des Stärkeren

Im Herbst stoßen die Hirsche kräftige, heisere Schreie aus: Man sagt, sie röhren*. So versuchen sie einerseits Ricken* anzulocken und gleichzeitig andere Hirsche davon abzuhalten, sich den auserwählten Weibchen zu nähern.

Der Auerhahntanz

Um die Weibchen zu verführen, breitet das Männchen die Schwanzfedern aus, läuft auf und ab und stößt merkwürdige Schreie aus.

11

Gefalle ich dir?

Um Weibchen zu erobern, greifen Männchen zu allen möglichen Mitteln: Manche singen Liebeslieder, andere zeigen ihre wunderschöne Farbenpracht, und einige überreichen sogar kleine Geschenke!

Die Kröten singen im Chor

Im Frühjahr versammeln sich die männlichen Kröten und singen alle zusammen. Der Gesang einer einzelnen Kröte ist nicht sehr kräftig, aber wenn sich zehn, zwanzig oder gar hundert zum Männerchor gesellen, können sie gewiss Weibchen anlocken!

Die Spinne macht Geschenke

Weil das Männchen bei den Kreuzspinnen viel kleiner ist als das Weibchen, läuft es Gefahr, von der Dame gefressen zu werden, wenn es ihr Netz betritt! Um sie zu besänftigen, reicht es ihr eine Fliege. Während sie das Festessen verspeist, kann es ihr gefahrlos den Hof machen.

Der Elefant riecht gut

Während der Brunftzeit läuft den männlichen Elefanten ein öliger Saft über die Wangen. Diese Flüssigkeit verbreitet einen Geruch, den die Elefantenkühe sehr mögen und der sie unwiderstehlich anzieht.

Der Eisvogel bietet Fische an, um sein Weibchen zu verführen.

Von rot nach blau

Der orientalische Kampffisch sieht eigentlich einem gewöhnlichen Goldfisch sehr ähnlich. Aber in der Liebeszeit wechselt er seine Farbe: Er wird blau!

Der Pfau schlägt ein Rad

Der Pfau will das Weibchen mit den wunderschönen Farben seiner Federn beeindrucken. Mit prahlerisch ausgebreiteten Schwanzfedern stolziert er vor ihr auf und ab.

? Sprechen Tiere miteinander?

Nicht direkt, aber sie können sich durch Laute, Gerüche oder bestimmte Gesten auch über weitere Entfernungen hinweg verständigen.

Wie verständigen sie sich untereinander?

Ein Jungtier kann zu verstehen geben, dass es Hunger hat, eine Tiermutter macht ihrem Jungen klar, dass es ihr folgen soll. Meist geschieht das durch Laute und Gesten.

Können sich Tiere verschiedener Arten* verstehen?

Nein, aber bestimmte Zeichen werden von allen Tieren verstanden. Zum Beispiel: „Vorsicht, ich bin gefährlich!" Oder auch: „Haut ab, ein Feind naht!"

Die Geburt der Kleinen

Wie menschliche Kinder wachsen auch bestimmte Tiere im Bauch ihrer Mutter heran und werden nach mehreren Monaten geboren: Das sind die Säugetiere*.

Die **Giraffe** bekommt alle zwei Jahre ein Junges.

Die **Kuh** bekommt jährlich ein Kalb.

Die **Ratte** bekommt zwölfmal im Jahr zwei bis 22 Junge.

Die **Tigerin** bekommt alle zwei Jahre ein bis sechs Junge.

Das **Eichhörnchen** bekommt zweimal im Jahr zwei bis fünf Junge.

Einzelkind oder Großfamilie

Sehr große Tiere bekommen in der Regel jährlich nur ein einziges Junges, manchmal sogar noch seltener: Eine Elefantenkuh bekommt nur einmal alle vier Jahre Nachwuchs. Umgekehrt gebären viele kleine Tiere jährlich Dutzende von Jungtieren! So zum Beispiel die Mäuse oder die Ratten.

? Gibt es in jedem Haus Mäuse?

Nein, die meisten Mäuse leben in der freien Natur auf dem Land. Manchmal kommen sie aber auch in die Häuser, und dann stellen die Menschen Fallen auf, um sie zu fangen.

Können junge Mäuse überleben, wenn die Mutter gefangen wird?

Mäuse gebären 6 bis 13 Junge in einem Wurf. Die Stillzeit* bei Mäusen beträgt 3 Wochen. Wird die Mutter während dieser Zeit gefangen, verhungern die Jungen oder gelangen in die Krallen einer Katze …

Überleben normalerweise alle Jungen?

Nein, in der Regel überleben ungefähr so viele Tierkinder, wie ausgewachsene Tiere sterben. Es gibt deshalb immer mehr oder weniger gleich viele Mäuse.

Schutz nach der Geburt

Wenn Tiermütter ihre Jungen zur Welt bringen, sind sie ganz alleine; das Männchen ist nicht dabei. Nach der Geburt sind die Weibchen sehr erschöpft, und sie können bei Gefahr nicht fliehen. Deshalb müssen sie sich verstecken, bis sie wieder zu Kräften gekommen sind und die Jungtiere ihnen folgen können.

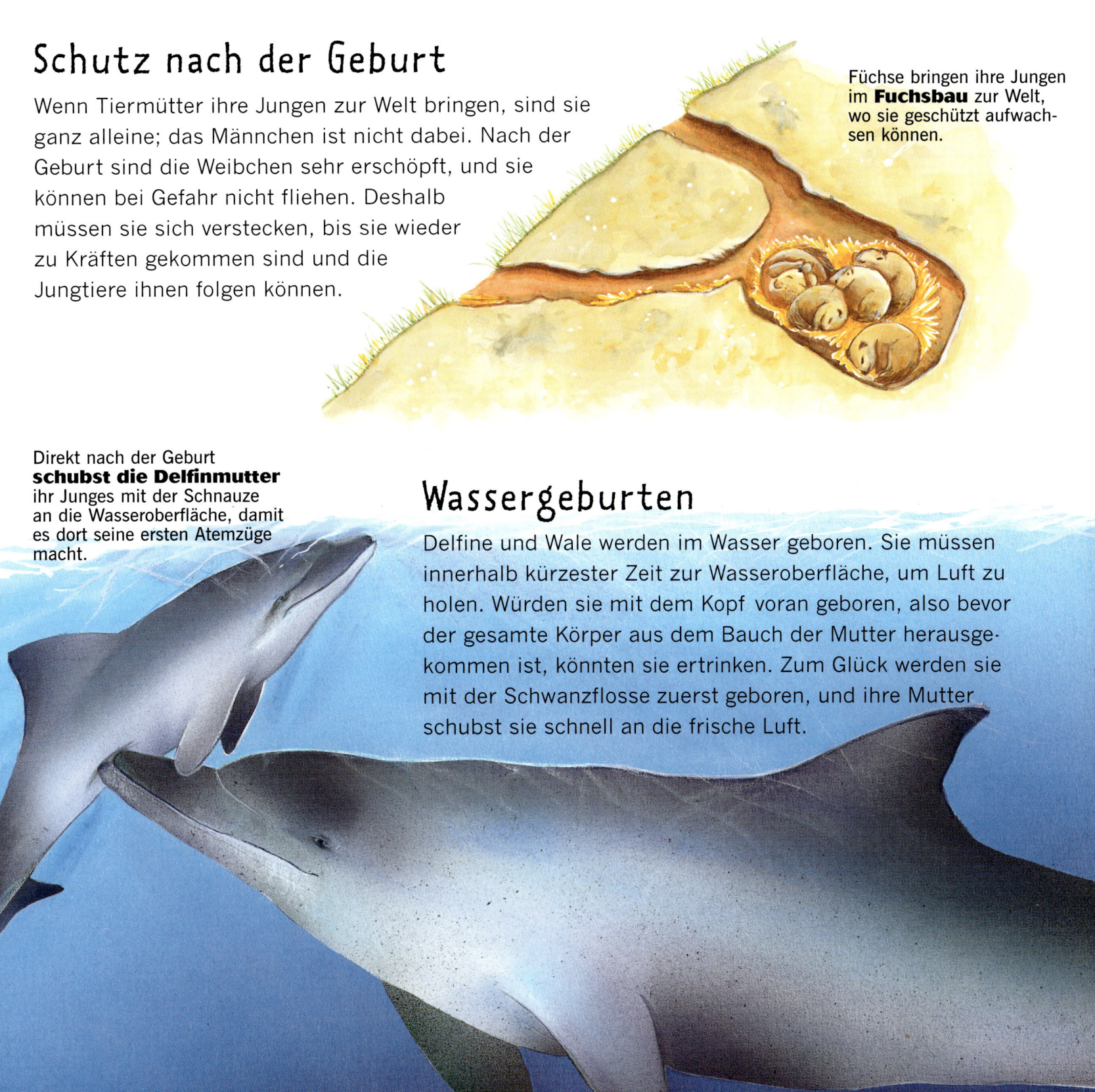

Füchse bringen ihre Jungen im **Fuchsbau** zur Welt, wo sie geschützt aufwachsen können.

Direkt nach der Geburt **schubst die Delfinmutter** ihr Junges mit der Schnauze an die Wasseroberfläche, damit es dort seine ersten Atemzüge macht.

Wassergeburten

Delfine und Wale werden im Wasser geboren. Sie müssen innerhalb kürzester Zeit zur Wasseroberfläche, um Luft zu holen. Würden sie mit dem Kopf voran geboren, also bevor der gesamte Körper aus dem Bauch der Mutter herausgekommen ist, könnten sie ertrinken. Zum Glück werden sie mit der Schwanzflosse zuerst geboren, und ihre Mutter schubst sie schnell an die frische Luft.

Aus dem Ei gepellt

Nicht alle Tierkinder wachsen im Bauch ihrer Mutter heran. Die meisten entwickeln sich in einem Ei: Vögel, Kriechtiere, Fische und Insekten.

Vögel

Alle weiblichen Vögel legen Eier. Manche betten sie in ein Nest aus Zweigen und Blättern, andere bauen kein Nest: Sie legen die Eier direkt auf den Boden. Gewöhnlich wechseln sich Männchen und Weibchen beim Ausbrüten ab.

Auch andere Tiere legen Eier

Krokodile, Schlangen, Schildkröten und Kröten legen ebenfalls Eier. Doch all diese Eier können sehr unterschiedlich aussehen. Nur die Eier von Vögeln und einigen Insekten haben eine harte Schale. Die anderen Eier haben eine weiche Schale. Aber in jedem Ei findet man innen fast das Gleiche wie im Hühnerei.

Bei manchen Arten* von Kröten legt das Weibchen die Eier **auf dem Rücken des Männchens** ab, das sie dann drei Wochen lang herumträgt.

Meeresschildkröten **vergraben ihre Eier** im Sand.

Die Ringelnatter legt ihre Eier im Gras ab und **verschwindet** dann. Je nach Temperatur schlüpfen die Jungen fünf bis acht Wochen später.

Das **Küken wächst** im Innern des Eis.

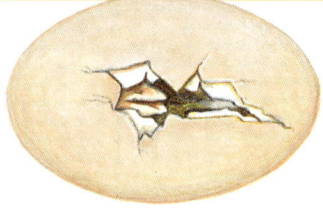

Es **bricht die Eierschale** mit seinem Schnabel auf.

Den Augenblick, in dem sich das Küken aus dem Ei befreit, nennt man **Ausschlüpfen**.

Vom Ei zum Küken

Damit in einem Ei ein Küken heranwächst, muss der Hahn zuvor die Henne befruchtet* haben. Aber das Ei muss auch warm gehalten werden. Deshalb legt sich die Henne vorsichtig auf ihre Eier und wärmt sie 21 Tage lang: Sie brütet.

Die **Luftkammer** erlaubt dem Küken zu atmen.

Harte **Schale**

Das **Eiweiß** und das **Eigelb** sind Nahrungsvorräte.

Junge **Krokodile** schlüpfen aus ihren Eiern, die ihre Mutter vor zwei oder drei Monaten dort gelegt hat.

? Kann in den Eiern, die wir essen, ein Küken sein?

Nein, denn auf den Hühnerhöfen werden keine Hähne gehalten. Und auf den Bauernhöfen, wo es auch Hähne gibt, sammeln die Bauern jeden Tag die Eier ein. Die Henne kann sie nicht ausbrüten, deshalb wachsen auch keine Küken heran.

Wie viele Eier kann eine Henne legen?

Sie legt meist eins pro Tag, selten mehr. Der bisherige Rekord einer Henne im Eierlegen beläuft sich auf 371 Eier in einem Jahr.

Braucht eine Henne zum Eierlegen unbedingt einen Hahn?

Nein, die Henne legt ihre Eier mit oder ohne Hahn. Aber wenn ein Hahn im Stall ist und die Henne ihre Eier ausbrüten darf, wird ein Küken heranwachsen.

Ganz allein...

Wenn sie aus ihren Eiern schlüpfen, müssen viele Tierkinder sich ganz allein durchschlagen, weil ihre Mutter nicht auf sie aufpasst. Aber die Kleinen wissen meistens sehr gut, wie sie auch ohne ihre Hilfe überleben.

Babys ohne Mutter

Nicht alle Tierkinder haben eine Mutter, die sie beschützt und die sich um sie kümmert. Viele sehen ihre Mutter überhaupt nie. Die meisten Insekten, Fische, Frösche, Eidechsen, Schlangen oder Schildkröten legen ihre Eier, verschwinden danach sofort und überlassen ihren Nachwuchs dem Schicksal.

DAS RENNEN DER BABYSCHILDKRÖTEN

Die Meeresschildkröten legen ihre Eier **am Strand** ab. Sie bedecken sie mit Sand und kehren ins Meer zurück.

Von der Raupe zum Schmetterling

Die weiblichen Schmetterlinge legen ihre Eier auf Blätter und fliegen dann davon. Nach ungefähr zwei Wochen schlüpft aus jedem Ei eine kleine Raupe. Diese entwickelt sich ganz allein: Sie ernährt sich von Blättern und verwandelt sich selbstständig in einen Schmetterling. Ihre Mutter hat sich nie um sie gekümmert, aber sie hat ihr alles Wichtige zum Leben gegeben: Sie hat ihre Eier auf einem Blatt abgelegt und damit sichergestellt, dass die kleine Raupe genug Futter findet.

Die Babyschildkröten schlüpfen aus ihrem Sandnest, nachdem es zwei bis drei Wochen von der Sonne gewärmt wurde. Sie müssen sich beeilen, um das **Meer zu erreichen**, bevor Vögel oder Taschenkrebse sie fangen.

Einmal im Ozean angekommen, haben die Schildkrötenbabys größere Überlebenschancen. Trotzdem müssen sie sich vor Haien und anderen großen Fischen in Acht nehmen!

? Sind Tierbabys ohne ihre Mütter unglücklich?
Nein, sie kennen es nicht anders.

Wie schaffen sie es, ohne Mutter aufzuwachsen?
Tierkinder wissen von Natur aus, wo sie Nahrung finden und wo sie sich verstecken müssen, um zu überleben. Trotzdem werden einige gefressen oder verhungern.

Sterben viele Tierkinder?
Es sterben niemals alle! Einige überleben immer, da es sehr viele Eier gibt.

Schutz in der Familie

Auch wenn viele Tierkinder nach ihrer Geburt ganz alleine durchkommen, so brauchen andere doch noch ihre Eltern, vor allem ihre Mutter. Sie ernährt und beschützt ihre Jungen und zeigt ihnen, wie man erwachsen wird.

Pinguinbabys

Pinguine leben in den unendlichen, eisigen Weiten des antarktischen Ozeans, nahe dem Südpol. Jeden Herbst treffen sie sich zu Hunderten, um ihre Jungen aufzuziehen. Hier brütet das Vatertier das Ei, während das Weibchen zum Fischen in den Ozean zieht. Die Mutter kehrt zurück, wenn ihr Junges aus dem Ei schlüpft.

Ein brütender Vater!
Über zwei Monate hält der Pinguinvater das Ei unter seinem Bauch warm. Dabei bewegt er sich nicht von der Stelle und frisst kaum.

Im Beutel ist es warm
Die Kängurumutter trägt ihr Junges sieben Monate lang in einem Beutel vor ihrem Bauch.

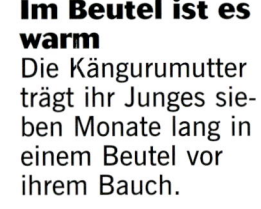

Gut versteckt!
Sobald Mutter Fuchs Gefahr wittert, schleppt sie ihre Jungen im Maul fort, um sie in einem neuen Versteck in Sicherheit zu bringen.

Unter den Flügeln der Mutterhenne
Wenn den Küken kalt ist oder sie Angst haben, verstecken sie sich unter den Flügeln der Henne, die sie beschützt.

Die jungen Pinguine werden von einigen Müttern im **Kindergarten** verwahrt, während die Eltern auf Fischfang gehen.

Die Pinguinmutter und der Pinguinvater füttern ihr Junges **abwechselnd.**

Nach fünf Monaten sind die jungen Pinguine erwachsen. Sie können sich nun ins Meer wagen.

? Kümmern sich Tierväter um ihre Jungen?

Die meisten kümmern sich überhaupt nicht um ihren Nachwuchs; sie überlassen diese Aufgabe der Mutter.

Lassen sie ihre Familie völlig allein?

Nein, die meisten Tierväter beschützen ihre Familie. Wenn Gefahr droht, kommt das Männchen dem Weibchen und den Jungen zu Hilfe.

Wer füttert die Jungen?

Die Mutter. Aber bei vielen Tieren besorgt der Vater die Nahrung für seine Familie.

Verspielte Babys

Wie Kinder lieben auch Tierbabys das Spiel, und sie verbringen die meiste Zeit mit Rumtoben und Fangen spielen.

Der kleine Tiger

Beim Spiel mit der Mutter lernt der kleine Tiger sich zu verteidigen.

Elefantenbabys

Diese Elefantenbabys entwickeln spielerisch ihre Muskeln und ihren Gleichgewichtssinn.

Der kleine weiße Tiger

Nach dem Spiel wird mit Bruder oder Schwester geschmust.

Das Löwenbaby

Mit dem Schwanz der Löwenmutter kann man wunderbar Fangen spielen. Eine gute Vorbereitung auf die Jagd!

Die kleinen Füchse

Beim Rumtoben lernen diese kleinen Polarfüchse zu kämpfen. Das brauchen sie später zum Überleben.

Zu wem gehören diese Tierbabys?

Diese Tierbabys sehen ihren Eltern wirklich nicht ähnlich. Kannst du sie erkennen?

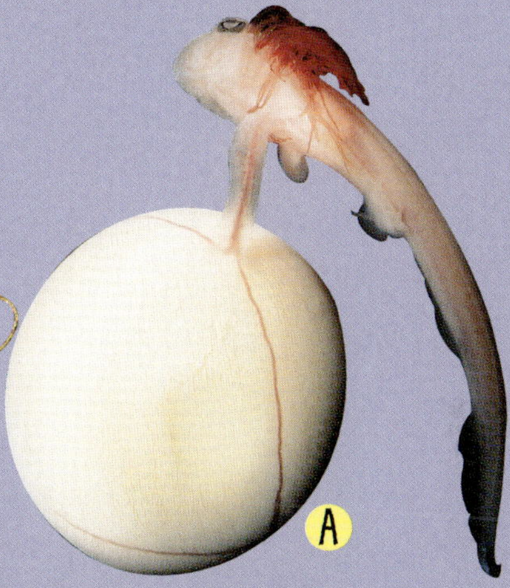

A

B

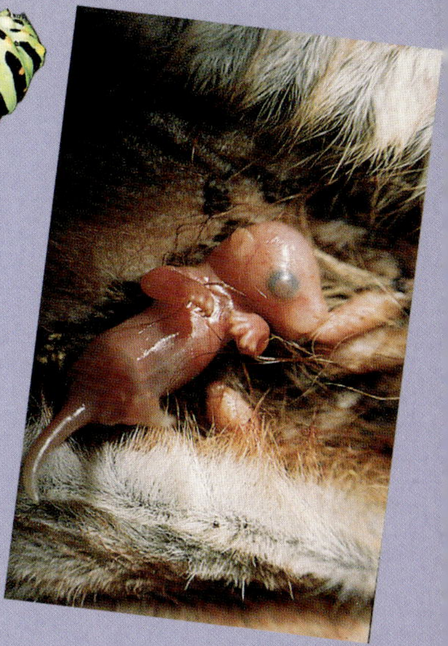

C

D

E

Die Eltern

Es ist ganz einfach, die Eltern den Tierbabys zuzuordnen, denn sie haben den gleichen Buchstaben.

C Känguru

B Schmetterling

D Marienkäfer

A Hai

E Igel

Liebevolle Eltern

Tiere tragen ihre Jungen auf unterschiedliche Art und Weise durch die Gegend. Hauptsache, den Kleinen passiert nichts.

Der Orang-Utan

Das Orang-Utan-Baby klammert sich fest an seine Mutter, um nicht herunterzufallen.

Das Opossum

Das Opossum ist ein kleines Tier, das in Amerika und Australien lebt. Die Opossummutter trägt ihre Jungen auf ihrem Rücken.

Die Löwin

Die Löwin packt ihr Kleines vorsichtig im Nacken.

Einige Rekorde

Das größte Ei der Welt ist das Straußenei. Es ist so groß wie ein kleiner Ball.

Das nordamerikanische Opossum bleibt nur 12 Tage im Bauch seiner Mutter. Das ist die kürzeste Tragzeit*.

Das Elefantenbaby bleibt 22 Monate im Bauch seiner Mutter. Das ist die längste Tragzeit.

DIE ERNÄHRUNG DER TIERE

Tiere jagen nur, um sich zu ernähren.

Manche Tiere kommen auf seltsame Art und Weise zu ihrer Nahrung.

Die Pflanzenfresser fressen Pflanzen, die Fleischfresser ernähren sich von Fleisch.

Fressen um zu leben

Tiere müssen genau wie wir Menschen essen, um leben zu können. Deshalb verbringen sie oftmals einen Großteil des Tages mit der Nahrungssuche.

Kräfte sammeln

Aus ihrer Nahrung gewinnen die Tiere Kraft und Energie*. Die brauchen sie zum Laufen, Schwimmen, Springen, Fliegen und zum Fangen ihrer Beute*. Gazellen können zum Beispiel mehr als 80 km/h schnell laufen. Aber wie ein Mofa müssen auch sie dazu vorher viel Energie tanken. Ihr „Treibstoff" ist völlig natürlich: Es sind die Gräser der Steppe*!

Die **Python-schlange** kann nach einer guten Mahlzeit mehrere Wochen ohne Nahrung auskommen.

Kleiner Körper, großer Hunger

Nicht alle Tiere haben den gleichen Appetit. Klar, große Tiere fressen viel mehr, aber im Vergleich zu ihrem Gewicht sind kleine Tiere viel gefräßiger!

5 000 kg   200 kg

Ein **Elefant** frisst mehr als 200 kg Grünfutter pro Tag. Das hört sich ungeheuer viel an, ist aber im Vergleich zu seinem Gewicht wenig (er wiegt ungefähr 5 000 kg).

5 000 kg   200 kg   5 g   7 g

Ein **Zaunkönig** frisst 7 g Insekten am Tag, fast nichts. Aber im Vergleich zu seinem Gewicht (ungefähr 5 g) ist das gigantisch!

Der **Große Panda** lebt in den Bambuswäldern Chinas.

26

Der ewige Esser!

Der Große Panda bricht alle Rekorde, wenn es um die Zeit geht, die er mit Fressen zubringt. Dabei frisst er nur Bambustriebe. Diese Pflanzen sind jedoch wenig nahrhaft und sehr schwer zu kauen. Der Große Panda muss 16 Stunden am Tag an diesem Grünzeug knabbern, um seinen Hunger zu stillen.

? Ist es nicht gemein, dass die Löwen die Gazellen fressen?

Wenn die Löwen (aber auch die Geparden oder die Hyänen) die Gazellen nicht fressen würden, gäbe es bald viel zu viele. Sie würden das gesamte Grün der Steppe* abgrasen und schließlich verhungern.

Wenn es ganz viele Löwen gäbe, würden die Gazellen dann aussterben?

In der Steppe gibt es immer ungefähr gleich viel Löwen. Es können auch nicht plötzlich mehr werden, denn Löwen besitzen ein Revier* und halten andere Löwen davon ab, es zu betreten.

Löwen greifen meistens kranke Gazellen an – aber wie können sie erkennen, dass die Tiere krank sind?

Die Löwen sehen das nicht direkt, aber eine kranke Gazelle ist leichter zu fangen als eine gesunde. Nur gesunde Gazellen können den Löwen entkommen und überleben!

Was tun gegen Hunger?

Im Winter oder in Trockenperioden finden viele Tiere nicht genug Nahrung. Um nicht vor Hunger zu sterben, sammeln sie rechtzeitig Vorräte, ändern ihren Speiseplan oder ziehen in andere Regionen.

Gut versteckte Vorräte

Das Eichhörnchen lebt vorausschauend. In der warmen Jahreszeit versteckt es Haselnüsse, Eicheln und Nüsse in einem Baumstamm oder zwischen den Wurzeln großer Bäume. Wenn Regen und Schnee die Nahrungssuche erschweren, lebt das Eichhörnchen von seinen Vorräten. Ameisen und manche Vogelarten machen es ebenso.

Das **Eichhörnchen** versteckt seine Wintervorräte in Bäumen.

In Afrika legen **Gnuherden** Tausende von Kilometern auf der Suche nach Gras zurück.

Auf der Suche nach Gras

In manchen Ländern ist nicht der Winter, sondern der Sommer die schwierigste Jahreszeit. In der afrikanischen Steppe* finden zum Beispiel die Gnuherden, aber auch Zebras und Büffel in der Trockenzeit kein Gras. Sie müssen deshalb einen weiten Weg bis in bergige Regionen im Norden zurücklegen, wo sie ausreichend Wasser und Grünfutter finden. Sobald die Regenzeit in der Steppe beginnt, sprießt dort auch das Gras wieder, und die Gnus erobern ihre Reviere* zurück. Man nennt diese nahrungsbedingten Reisen auch Tierwanderungen*.

Im Sommer frisst die **Blaumeise** Raupen.

Im Winter frisst sie Körner.

Eine Winterdiät

Im Frühjahr und im Sommer ernährt sich die Blaumeise von Insekten, hauptsächlich von Raupen. Doch bei Wintereinbruch sind Insekten und Raupen verschwunden! Zum Glück kann die Insektenfresserin ihren Speiseplan umstellen. Sie frisst nun bis zum nächsten Frühjahr nur noch Körner.

Die Wanderung der **Gnus** ist gefährlich. Krokodile lauern ihnen an Flussufern auf.

Wochen ohne Fressen

Das Krokodil verbringt die meiste Zeit des Tages damit im Wasser zu treiben oder sich zu sonnen. Es verbraucht dabei nur sehr wenig Energie* und kommt deshalb mehrere Wochen ohne Nahrung aus. Allerdings ist eine längere Ruhezeit auch nötig, wenn man ein Zebra oder einen Büffel verspeist hat!

? Wie findet das Eichhörnchen seine Vorratsverstecke wieder?
Es hat ein gutes Gedächtnis, aber es lebt ja auch das ganze Jahr über in seinem Revier* und kennt seine hohlen Kletterbäume ganz genau. Dort versteckt es natürlich seine Vorräte.

Gibt es noch andere Tiere, die Vorräte sammeln?
Ja. Der Eichelhäher, ein großer Waldvogel, sammelt ebenfalls Vorräte: Er versteckt Eicheln im Boden. Nur vergisst er oft, wo er sie versteckt hat!

Also sind die vergessenen Vorräte nutzlos?
Nein, die vergessenen Eicheln keimen, und neue Bäume sprießen hier und dort aus dem Boden. Der Eichelhäher ist also ein Art Förster.

Wer frisst was?

Je nach Nahrungsquelle lassen sich Tiere in drei Gruppen unterteilen: Es gibt Pflanzenfresser, Fleischfresser und Allesfresser. Die ersten ernähren sich nur von Pflanzen, die Fleisch fressenden Tiere jagen in der Regel die Pflanzenfresser, und Allesfresser essen beides: Sie nehmen sowohl Fleisch als auch pflanzliche Nahrung zu sich.

Die Pflanzenfresser

Pflanzenfresser mögen nicht nur Gras, sondern auch Blätter, junge Triebe, Knospen, Früchte, Körner oder Pilze. Manche fressen alle Pflanzen, andere bevorzugen Gras oder Früchte.

Der riesige **Gorilla** ernährt sich nur von Blättern und Wurzeln.

Der **Eichelhäher** frisst Eicheln, Haselnüsse, Trauben und Himbeeren.

Die **Giraffe** frisst Blätter, die hoch oben an den Bäumen wachsen und an die andere Tiere nicht herankommen.

Die **Kuh** weidet Gras oder frisst Heu.

Die Fleischfresser

Auch bei den Fleischfressern gibt es verschiedene Geschmäcker: Manche verzehren nur Vögel, andere nur Fische und wieder andere nur Insekten. Doch alle Fleischfresser haben etwas gemeinsam: Sie sind Jäger. Sie töten andere Tiere, um sie zu fressen. Man nennt sie deshalb Raubtiere, und ihre Opfer sind ihre Beute*.

Der **Gepard** verschlingt Zebras und Gazellen.

Der **Wal** ernährt sich von Plankton und kleinen Fischen.

Der **Fischadler** fängt kleine Fische, indem er mit vorgestreckten Füßen ins Wasser eintaucht.

Der **Fischotter** jagt Fische im Wasser.

Allesfresser

Es gibt Tiere, die wie wir Menschen alles fressen: Fleisch, Gemüse und Früchte. Diese Tiere nennt man Allesfresser. Manche ernähren sich das ganze Jahr über von gemischten Speisen, andere richten ihren Speiseplan nach den Angeboten der Jahreszeiten.

Die **Elster** pickt alles auf, was sie findet: Regenwürmer, Früchte, Schnecken und sogar junge Vögelchen.

Der **Dachs** mag Mäuse, aber auch Pflanzen.

Das **Wildschwein** frisst alles: Wurzeln, Früchte, Körner, Würmer oder Aas*.

Im Sommer und im Herbst stopft sich der **Braunbär** mit Beeren, Früchten und Pilzen voll. Im Frühling wird er zum Jäger und frisst Tiere (Insekten, Fische, Würmer ...). Doch seine hauptsächliche Nahrungsquelle bleibt das Grünfutter.

Gibt es Tiere, die ihre Artgenossen* fressen?
Ja, der Hecht zum Beispiel zögert nicht, auch kleine Hechte zu fressen.

Könnte er nicht besser andere Fische fressen?
Das macht er auch meistens, aber wenn ein kleinerer Hecht in sein Revier* eindringt und versucht sich dort anzusiedeln, frisst der Größere ihn auf. So vertreibt er seinen Konkurrenten und nimmt gleichzeitig eine Mahlzeit zu sich ...

Ist es wahr, dass manche Tiere ihre eigenen Jungen auffressen?
Ja. Schleiereulen tun das zum Beispiel, wenn sie in Notzeiten keine andere Nahrung finden. Die Kleinsten und Schwächsten werden geopfert, damit sich die Stärkeren ernähren können. Anstatt alle sterben zu lassen, retten die Schleiereulen so zumindest ein paar Junge.

Seltsame Mahlzeiten

Manche Tiere ernähren sich vom Blut ihrer Beute, andere fressen Kadaver, und einige schrecken nicht einmal davor zurück, anderen Tieren ihre Nahrung zu rauben.

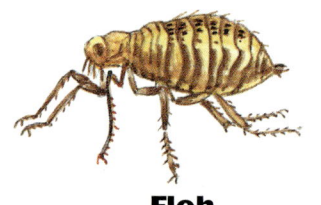

Floh

Stechmücke

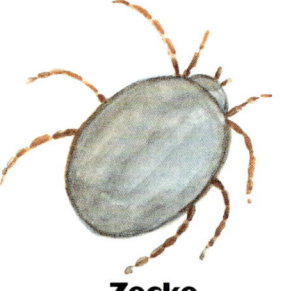

Bremse

Zecke

Tote Tiere fressen ...

Wenn man in der Natur spazieren geht, sieht man nur selten tote Tiere. Dies ist den Tieren zu verdanken, die sich von Tierleichen ernähren. Man nennt sie Aasfresser. Sie spielen eine wichtige Rolle im Gleichgewicht der Natur. Dabei ist es egal, ob es sich um Geier, um winzige Maden oder andere unscheinbare kleine Insekten handelt.

Blut trinken ...

Vampire, die in Särgen schlafen und das Blut unschuldiger Menschen trinken, gibt es natürlich nicht in Wirklichkeit. Aber Tiere wie Mücken, Bremsen, Zecken oder Flöhe ernähren sich tatsächlich vom Blut anderer Tiere oder von Menschenblut!

Bei den **Geiern** hat jede Art* ihre speziellen Vorlieben: Einige fressen nur Fleisch, andere ernähren sich von Haut und Sehnen, und eine dritte Art frisst hauptsächlich Knochen!

All diese Insekten ernähren sich von Blut. Man nennt sie Parasiten*.

Selbst-bedienung

Der Schmarotzer ist ein kleiner Vogel, der auf dem Rücken von Nashörnern oder Büffeln lebt.
Er säubert ihre Haut von lästigen Parasiten* wie Fliegen, Zecken oder Flöhen. Schmarotzer dienen auch als „Alarmanlage" und warnen ihren Wirt*, wenn Gefahr im Verzug ist.

Das **Nashorn** und sein treuer Begleiter: der Schmarotzer.

Haltet den Dieb!

Die Raubmöwe ist ein Meeresvogel. Ihr Trick ist, dass sie andere Möwen für sich fischen lässt! Sobald sie eine Möwe mit einem Fisch im Schnabel entdeckt, fliegt sie ihr nach und quält sie so lange mit ihren Schreien, bis sie ihre Mahlzeit fallen lässt. Die Raubmöwe schnappt sich den Fisch und frisst ihn auf.

Die **Raubmöwe** stiehlt einer anderen Möwe die Mahlzeit.

Wenn die Raubmöwen ständig ihre Nahrung stehlen, müssen dann die anderen Möwen verhungern?
Nein, denn Raubmöwen leben auf Kosten von Dutzenden oder sogar Hunderten von anderen Möwen. Jede verliert also nur ab und zu einen Fisch. Ihnen bleibt genug für sich und ihre Jungen.

Warum verteidigen die Möwen sich nicht?
Weil die Raubmöwe schneller und stärker ist. Die Möwen können ihr nicht entkommen. Wenigstens greift die Raubmöwe ihre Opfer nie ernsthaft an, denn sie hat ja kein Interesse daran, dass die Möwe stirbt.

Töten Raubmöwen manchmal Möwen?
Nein, Tiere töten nur, um sich Nahrung zu verschaffen, und Raubmöwen fressen keine Möwen.

Die Jäger

Um sich und ihren Nachwuchs zu ernähren, müssen viele Tiere andere jagen und töten: Das sind die Raubtiere. Sie jagen weder zum Spaß noch aus Grausamkeit, sondern nur deshalb, weil sie Hunger haben.

Gemeinschaft macht stark

Das Jagen in der Gruppe hat einen großen Vorteil: Es führt schneller zum Erfolg. So kann ein Rudel* von Wölfen ein großes Tier wie zum Beispiel einen Elch erlegen, den ein einzelner Wolf niemals töten könnte. Und wenn die Nahrung knapp wird, teilen sich lieber zwanzig Wölfe einen Elch, als dass jeder Einzelne versucht einen Hasen zu fangen.

Wenn die Wölfe einen Elch gestellt haben, **kreisen sie ihn ein**. Dann versuchen sie ihn an den Beinen oder den Flanken zu packen, damit er umfällt.

Der Eisbär hat einen sehr gut ausgebildeten **Geruchssinn**. Er kann eine Robbe unter einer 1m dicken Eisschicht riechen.

Die Eule hat ein feines **Gehör**. Damit kann sie Mäuse und Ratten ausfindig machen, von denen sie sich ernährt.

Viele Raubtiere erspähen ihre Beute mit ihren scharfen Augen: Nicht umsonst lautet das Sprichwort: „Du hast **Augen wie ein Lux!**"

Der Schwächste wird angegriffen

Wenn sich ein Sperber auf eine Spatzengruppe stürzt, versuchen alle zu fliehen, aber nur die Stärksten und Geschicktesten können ihm entkommen. Noch bevor der Sperber seinen Angriff startet, hat er bereits den Vogel ausgemacht, den er mit möglichst wenig Aufwand fangen kann: Dabei handelt es sich meist um einen kranken, verletzten oder jungen Spatz; ein Vogel eben, der nicht gut fliegen kann. Alle Raubtiere suchen sich ihre Beute nach dem Gesetz des „geringsten Kraftaufwands".

Manchmal entwischt die Beute

Kein Jäger, auch wenn er noch so geschickt ist, kann mit jedem Angriff erfolgreich sein. Meistens braucht er mehrere Anläufe, bevor er eine Beute* erwischt. So muss selbst der Wanderfalke, ein absoluter Weltmeister im Schnellflug, mindestens fünf bis zehn Angriffe fliegen, bevor er einen Vogel fängt. Wenn sein Opfer ihn früh genug bemerkt, kann es oft noch entwischen.

? Greifen Raubtiere immer nur kranke Tiere an?
Nicht immer, manchmal fangen sie auch ein gesundes Tier. Aber sie greifen vorzugsweise die schwächsten Tiere an, also die verletzten oder kranken.

Können Raubtiere durch das Fressen kranker Tiere auch selbst krank werden?
Nein, denn die meisten Krankheiten werden nicht durch die Nahrung übertragen. Außerdem sind Raubtiere sehr widerstandsfähig und bekommen selten die gleichen Krankheiten wie ihre Beute*.

Ist es nicht ungerecht, immer nur die Schwächsten anzugreifen?
Wir Menschen mögen das falsch finden, aber eigentlich hilft das Raubtier damit seiner Beute. Indem es kranke Tiere frisst, verhindert es, dass sich andere Tiere aus der Herde anstecken.

Geduldig und schlau

Um ihre Beute mit möglichst wenig Aufwand zu fangen, haben einige Tiere äußerst raffinierte und wirkungsvolle Jagdmethoden entwickelt. Geduldig legen sie sich auf die Lauer, mit Geschick und blitzschnellen Reaktionen fangen sie ihre Beute.

Regungsloser Jäger

Das Krokodil kann lange Zeit starr wie ein Baumstamm im Wasser liegen. Aber der Schein trügt, es schläft nicht! Sobald sich beispielsweise eine Gazelle dem Ufer nähert, um aus dem Fluss zu trinken, schnappt das Krokodil mit seinem kräftigen Kiefer zu. Es zieht seine Beute ins Wasser, wo es sie ertränkt und frisst.

Klopfen am Strand

Die Regenpfeifer sind Meeresvögel, die am Strand leben. Aufgrund ihres kurzen Schnabels können sie keine Würmer aus dem tiefen Sand herausfischen. Sie laufen daher bei Ebbe am Strand entlang und klopfen mit ihren Fußsohlen auf den Boden. Dadurch fühlen sich die Würmer gestört und kommen an die Oberfläche. Nun schnappen die Regenpfeifer einfach zu.

Verhängnisvolle Spucke

Ein Fisch aus dem Pazifik, der *Toxotes*, geht besonders klug beim Insektenfang vor. Im Wasser versteckt, spuckt er einige Tropfen des kühlen Nasses auf die Insekten an Land. Die sind völlig überrascht, verlieren das Gleichgewicht und fallen ins Wasser … Jetzt kann der Fisch sie bequem fressen.

Seidige Falle

Das Netz der Wespenspinne ist aus Seidenfäden gesponnen, die mit einer klebrigen Schicht überzogen sind. Wenn eine Heuschrecke auf das Netz springt, klebt sie fest und kann nicht mehr weg. Die Wespenspinne nähert sich der Heuschrecke und lähmt sie mit einem giftigen Biss. Dann spinnt sie ihre Beute* in einen seidenen Kokon ein, um sie später zu fressen. Wird das Netz beschädigt, bessert die Spinne es erst aus, bevor sie sich wieder auf die Lauer legt.

? Haben es Tiere, die Fallen stellen, beim Beutefang leichter?
Nicht unbedingt, denn manchmal müssen sie lange warten. Aber das ist nicht schlimm, weil sie sich dabei ja kaum bewegen und deshalb nicht erschöpft sind.

Warum jagen sie ihre Beute nicht?
Jedem das Seine. Im Laufe von Jahrtausenden hat jede Tierart* ihr eigenes Vorgehen zum Beutefang entwickelt. Jeder bevorzugt die Methode, mit der er die größten Erfolge erzielt.

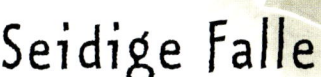

Wie lernt ein junges Tier die beste Jagdmethode?
Meistens lernen Jungtiere durch das Beobachten ihrer Eltern, genau wie Kinder. Aber manchmal ist das Jagdverhalten auch schon so alt, dass es „instinktiv" verankert ist. Das heißt, das Jungtier weiß automatisch von Geburt an, wie das Jagen funktioniert – es muss nur noch ein bisschen üben.

Die Menschenfresser

Die meisten Tiere haben Angst vor Menschen und fliehen, sobald ihnen einer begegnet. Aber es gibt auch Tiere, die gefährlich für den Menschen sind – auch wenn sie tatsächlich nur selten angreifen.

Der Tiger

Der größte Menschenfresser ist der bengalische Tiger. Zu Beginn des vergangenen Jahrhunderts war er für den Tod tausender Menschen verantwortlich.

Giftige Tiere

Manche Tiere verfügen über ein Gift, mit dem sie ihre Beute töten. Sie nutzen es auch zur Verteidigung.

Der Pfeilgiftfrosch

Die Haut dieses brasilianischen Frosches ist mit einem der tödlichsten Gifte getränkt, das es auf der Welt gibt.

Der Tigerhai

Der Hai gilt als das dem Menschen gegenüber angriffslustigste Tier. Er lebt in tropischen* Meeren und frisst alles, was er fangen kann – manchmal auch Schwimmer!

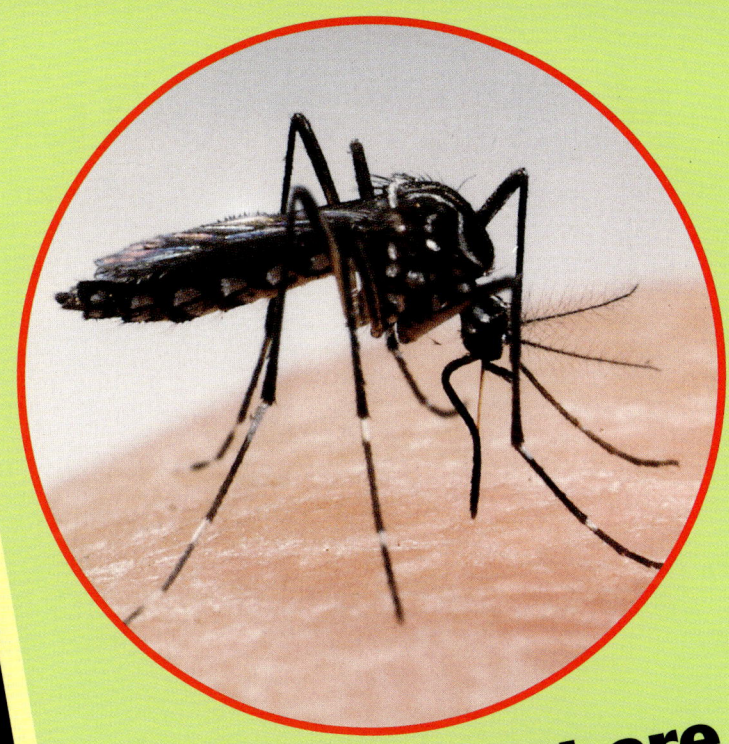

Eine unscheinbare Mörderin

Sie ist weder eine Menschenfresserin noch eine Giftmischerin, trotzdem sterben jedes Jahr auf der ganzen Welt eine Million Menschen durch die Malariamücke! Sie überträgt mit ihrem Stich die tödliche Krankheit Malaria und ist deshalb für den Tod all dieser Menschen verantwortlich.

e Vogelspinne

Vogelspinne beißt nur sehr
en einen Menschen. Zum
ck, denn ein Stich dieser
nne ist sehr schmerzhaft
kann hohes Fieber
lösen.

Quallen

Manche Quallen haben lange, giftige Härchen, die bei Hautkontakt heftige Rötungen und Juckreiz auslösen.

Mütter und Töchter

Elefantenherden bestehen nur aus Elefantenkühen und ihrem Nachwuchs. Ein älteres Weibchen führt die Herde an. Sie ist die Mutter der anderen Elefantenkühe und die Großmutter der Jungtiere.

Wer frisst wen?

Ordne den Raubtieren die richtige Beute zu:

A Adler

B Frosch

C Wühlmaus

D Boa

E Tiger

F Wildschwein

G Ringelnatter

H Fuchs

I Murmeltier

Auflösung: A-I; E-F; G-B; H-C; D-F

Eine Nahrungskette

In einer Nahrungskette ist das eine vom anderen abhängig: Die Pflanzen werden von Pflanzenfressern verspeist, diese werden von Fleischfressern gejagt, und die wiederum werden von anderen Fleischfressern verzehrt.

Hier ein Beispiel:

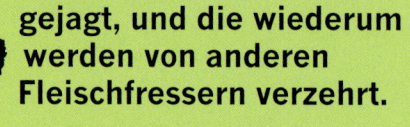

Eule

Spitzmaus

Gras

Heuschrecke

SCHUTZ UND TARNUNG

Zur Verteidigung ist jedes Mittel recht.

Manche Tiere können brennende Hitze gut ertragen, andere eisige Kälte.

Eine gute Tarnung macht einen fast unsichtbar!

Ein Dach über dem Kopf

Als Schutz oder Unterschlupf für den Nachwuchs nutzen viele Tiere entweder ein Nest, eine Höhle, einen Bau, eine Burg oder eine Grotte.

Eine Höhle für den Winter

Im Herbst baut das Bärenweibchen in einer Höhle ein Nest aus trockenen Gräsern. Wenn der Winter einbricht, zieht es sich dorthin zum Schutz vor der Kälte zurück und hält seinen Winterschlaf. Im Januar wacht es wieder auf und gebiert seine Jungen.

Wasserburgen

Biber sind großartige Baumeister. Aus Ästen und Schlamm bauen sie im Wasserlauf Dämme, hinter denen sich das Wasser zu einem See staut. Dort errichten sie dann ihre schützenden Biberburgen, in denen sie auch ihre Nahrung horten.

Wohnen unter der Erde

Zum Unterschlupf und zur Aufzucht ihrer Jungen graben Wildkaninchen einen unterirdischen Bau. Er besteht aus einem Haupteingang und mehreren „Notausgängen". Zahlreiche Erdröhren verbinden die Räume, die auch „Kessel" genannt werden. Die Kaninchen gebären ihre Jungen in einem gesonderten Bau.

Die **Biberburg** hat einen Eingang unter Wasser und einen trockenen Raum über der Wasseroberfläche.

Ein gemütliches Nest

Jedes Frühjahr baut der Fink ein Nest,
das er mit Federn und Wolle auskleidet.
In dieser bequemen Zuflucht legt das
Finkenweibchen seine Eier und zieht
den Nachwuchs groß.

Jeder Kaninchenbau
kann mehr als zehn
Kaninchen beherber-
gen. In manchen
Räumen richten die
Kaninchen für ihren
Nachwuchs weiche
Betten her. Diese sind
mit Flaum ausgelegt,
den sie sich aus dem
Brustfell ausrupfen.

? Haben alle Tiere einen Unterschlupf?

Nein, manche brauchen
keinen. Einige sind auch einfach
zu faul, einen eigenen Unterschlupf zu bauen. Der Fuchs
zum Beispiel benutzt einfach
einen Bau, den andere Tiere
gegraben haben.

Nutzen die Tiere ihr Leben lang immer den gleichen Unterschlupf?

Nicht alle. Aber der Storch
kehrt beispielsweise jedes Jahr
in sein Nest zurück und bessert
es immer wieder mit neuen
Zweigen aus.

Wo schlafen die Tiere, die keinen Unterschlupf haben?

Das ist verschieden: Im
Gebüsch, unter einem
Felsen,
auf
einem
Baum …

Den Feind täuschen

Manche Tiere wechseln ihre Farbe, andere verschmelzen durch ihr Aussehen mit ihrem Lebensraum. Mit Hilfe solcher Tarnungen* können die Tiere einerseits ihre Feinde täuschen und sich andererseits unerkannt an ihre Opfer heranschleichen ...

Streifen als Tarnung

Ein einzelnes Zebra ist mit seinen weißen und schwarzen Streifen in der Steppe* leicht zu erkennen. Aber Zebras leben in Herden, und wenn eins neben dem anderen steht, fällt es aufgrund der Streifen sehr schwer, das einzelne Tier von seinem Nachbarn zu unterscheiden. Löwen oder Geparden können deshalb nicht so leicht ein Zebra aus der Herde heraussuchen und angreifen.

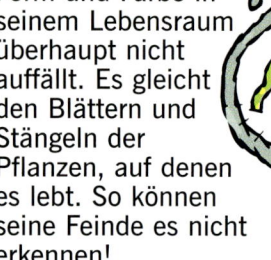

Die **Sonnenanbeterin** ist ein Insekt, das durch Form und Farbe in seinem Lebensraum überhaupt nicht auffällt. Es gleicht den Blättern und Stängeln der Pflanzen, auf denen es lebt. So können seine Feinde es nicht erkennen!

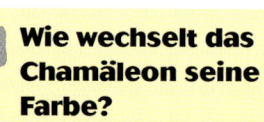

Wie wechselt das Chamäleon seine Farbe?
Die Hautzellen des Chamäleons enthalten besondere Pigmente*. Diese Farbkörnchen können sich mit den Zellen ausweiten oder zusammenziehen, wodurch sich die Hautfarbe ändert.

Kann ein Chamäleon jede Farbe annehmen?
Nein, die Farbauswahl ist begrenzt. Wenn es sich ausruht, ist das Chamäleon eher grün oder gelb. Sinkt die Temperatur, verdunkelt es sich und wird grau. Ist es wütend, wird es rotbraun.

Mal grün, mal braun

Das Chamäleon ist eine Echse. Es lebt in den Bäumen des tropischen Regenwalds* und kann sehr schnell seine Farbe wechseln. So ist es für seine Feinde fast unsichtbar. Aber diese Tarnung* hilft ihm auch dabei, ganz nah an seine Beute* heranzukommen. Die Tarnung hat also zwei Aufgaben: Angriff und Verteidigung!

Nichts wie weg!

**Die Flucht ist immer noch eine der besten Verteidigungsformen.
Diese weise Lösung beherzigen die meisten Tiere.**

Gepard gegen Gazellen

Gazellen können sehr schnell laufen, auch über lange Strecken. Diese Fähigkeit hilft ihnen, wenn sie von einem Gepard verfolgt werden. Dieser ist zwar auf kurzen Strecken schneller als die Gazellen, doch er ermüdet rasch! Deshalb muss er seine Beute innerhalb weniger Sekunden erwischen. Oft entkommen die Gazellen dank ihrer Ausdauer dem Gepard, der immerhin als das schnellste Tier der Steppe* bekannt ist.

? Stimmt es, dass Luchse, Bären und Wölfe vor Menschen flüchten?
Ja, sie fliehen sogar meist, bevor der Mensch sie überhaupt bemerkt hat.

Warum flüchten sie, obwohl sie doch stärker sind als Menschen?
Tiere sind im Allgemeinen nur selten angriffslustig. Anstatt sich in einen unnötigen Kampf zu begeben, flüchten sie lieber.

Greifen sie nie Erwachsene oder Kinder an?
Nein, außer sie sind verletzt oder fühlen sich bedroht. Wölfe, Luchse oder Bären greifen Menschen nie grundlos an, auch wenn böse Zungen das immer wieder behaupten.

Achtung, Gefahr!

Die Murmeltiere in den Alpen entfernen sich nie weit von
ihrem Bau. Wenn sie herauskommen, stellen sich einige
von ihnen immer als Wachposten auf und beobachten die
Umgebung. Bei der kleinsten Gefahr stoßen die Wachposten
einen lauten Pfiff aus, und die anderen Murmeltiere laufen
schnell zurück in ihren Bau.

Der **Gepard** ist der schnellste
Läufer im Tierreich. Er kann so
schnell wie ein Auto sprinten,
allerdings nur auf einer Strecke
von wenigen hundert Metern.

Das **Murmeltier** ist sehr
misstrauisch und immer auf
der Hut. Dank seiner hervorra-
genden Sehschärfe erkennt es
selbst in weiter Ferne jede
ungewöhnliche Bewegung.

Versucht ein Reiher einen
Frosch zu fangen, flieht dieser schnell ins Wasser. Mit
wenigen Sprüngen erreicht er
den Tümpel und verschwindet
im Schlamm.

Verteidigung: Gewusst wie!

Spitze Krallen, scharfe Zähne, gefährliche Gifte: Tiere verteidigen sich mit allen möglichen Waffen, wenn sie in Gefahr sind. Doch so lange es geht, vermeiden sie einen Kampf. Sie versuchen erst einmal ihre Feinde abzuschrecken.

Das **Stinktier** hat eine wirkungsvolle Vorgehensweise, um seine Feinde in die Flucht zu schlagen. Zuerst hebt es zur Warnung seinen Schwanz und beginnt mit seinen Pfoten zu trampeln. Dann dreht es dem Feind den Rücken zu und beobachtet ihn über die Schulter hinweg. Macht sich der Gegner nicht aus dem Staub, stellt sich das Stinktier auf die Vorderbeine und spritzt eine übel riechende Flüssigkeit in Richtung der Augen des Feindes.

Wenn die **Kobra** sich bedroht fühlt, richtet sie sich ein Stück auf, um ihren Feind einzuschüchtern. Gleichzeitig spreizt sie ihre Halsrippen. Dann windet sie sich zischelnd von links nach rechts oder von vorne nach hinten.

Schmetterlinge können sich kaum gegen Feinde wehren. Deshalb setzen sie auf Tarnung. Der Nachtfalter zum Beispiel hat auf seinen Flügeln Flecken, die wie große Augen aussehen. Das reicht häufig schon, um auch wesentlich größere Feinde zu erschrecken. Die glauben nämlich, einem riesigen Tier gegenüberzustehen!

Der **Pavian** zeigt seinen Feinden die Zähne: Mit zusammengekniffenen Augen, weit aufgerissenem Maul und zurückgezogenen Lippen schüchtert er sie ein. Das große, offen liegende Gebiss sagt klar und deutlich: „Wehe, du kommst mir zu nahe!"

Wenn der kleine **Igel** auf Nahrungssuche geht, könnte er eine leichte Beute* sein. Doch bei der geringsten Gefahr rollt er sich zusammen und zeigt seine 5 000 Stacheln. So traut sich keiner an ihn heran.

? Wenn Tiere nicht gerne kämpfen, wozu haben sie dann ihre Krallen und spitzen Zähne?
Die Krallen der Raubkatzen* und die Zähne der Haie dienen durchaus zum Töten. Allerdings werden damit meist keine Feinde, sondern Beutetiere angegriffen, die sie als Nahrung benötigen.

Aber Haie greifen doch auch hin und wieder Menschen an?
Stimmt, das kommt vor – aber wesentlich seltener, als man denkt. Und in solchen Fällen sieht der Hai auch den Menschen nicht als seinen Feind, sondern als Mahlzeit!

Warum stechen Wespen?
In der Regel sticht eine Wespe nur, wenn sie sich bedroht fühlt. Ein Mensch ist rund 10 000-mal größer als sie. Da fühlt sie sich leicht in die Enge getrieben und sticht zu.

49

überleben im Winter

Der Wintereinbruch bedeutet für viele Tiere Kälte und knappes Futter. Wie können sie trotzdem überleben?

Die meisten **Störche** verlassen Europa im August und erreichen Afrika im November oder Dezember.

? Kommt es vor, dass manche Tiere den Winter nicht überleben?

Ja, in jedem Winter sterben Tiere, vor allem die Jungen. Zum Beispiel überleben von einer Familie aus zehn kleinen Meisen selten mehr als zwei ihren ersten Winter!

Warum sterben so viele Jungtiere?

Die Kleinen müssen lernen, sich ihre Nahrung selbst zu suchen und sich zu verteidigen. Wenn sie das nicht schaffen, können sie nicht überleben.

Warum helfen ihre Eltern ihnen nicht?

Weil die genug damit zu tun haben, sich selbst zu ernähren. Nur die kräftigsten Jungtiere überleben bis zum Frühling.

Im Süden überwintern

Störche mögen Kälte überhaupt nicht. Deshalb versammeln sie sich am Ende des Sommers zu großen Schwärmen und fliegen zusammen mehrere tausend Kilometer Richtung Afrika. Erst im Frühjahr kehren sie nach Europa zurück.

Auf dem Packeis

Im hohen Norden, auf Grönland, dauert der Winter
fast das ganze Jahr. Dort leben auch Robben, die sich
den eisigen Lebensbedingungen gut angepasst haben.
Unter ihrer Haut haben sie dicke Fettschichten, und
auf der Haut wächst ein warmes Fell. So sind sie wie
durch einen doppelten Mantel gegen die Kälte
geschützt.

Der **Siebenschläfer** überlebt
den Winter auf seine Art: Er ver-
schläft ihn einfach! Ganz bequem
rollt er sich in ein Moosbett ein,
das er sich am liebsten in einem
hohlen Baum einrichtet. Dort
schläft er tief und fest, bis es
wieder warm wird. Das nennt
man Winterschlaf.

Robben können stundenlang
im Eiswasser schwimmen und
spielen oder sich auf einer
Eisscholle ausruhen. Sie sind
durch ihr Fell und ihre dicke
Fettschicht gut gegen die
Kälte geschützt.

Der Hitze widerstehen

In der Wüste brennt die Sonne jeden Tag vom Himmel. Wasser und Nahrung sind nicht leicht zu finden. Die Tiere haben verschiedene Tricks zum Überleben entwickelt: Sie sammeln Vorräte, verstecken sich im Sand oder verzichten sogar völlig auf Wasser!

Zwei Wochen ohne Wasser

Dromedare können 17 Tage in der Wüste leben, ohne auch nur einen einzigen Tropfen Wasser zu trinken! Dies ist möglich, weil Dromedare nicht schwitzen, und weil sie beim Atmen auch die geringste Luftfeuchtigkeit aufsaugen. Aber wenn sie Wasser finden, können Dromedare mehr als 100 Liter auf einmal trinken.

? Gibt es in der Wüste nicht genug Oasen, die ausreichend Wasser für alle Wüstentiere haben?

Nein, in der Wüste gibt es nur wenige Oasen. Die meisten Tiere müssten sehr weite Strecken unter der sengenden Sonne zurück-

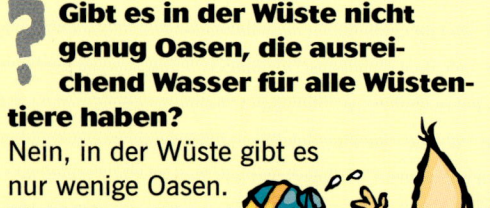

legen, um in einer Oase etwas zu trinken.

Was machen die Wüstentiere, wenn sie Durst haben?

Viele trinken gar nichts oder geben sich mit dem bisschen Flüssigkeit zufrieden, das sie beim Fressen von Pflanzen oder Insekten zu sich nehmen.

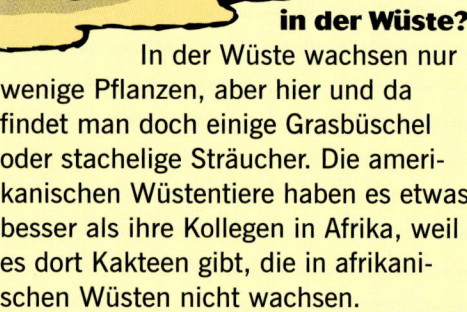

Gibt es überhaupt Pflanzen in der Wüste?

In der Wüste wachsen nur wenige Pflanzen, aber hier und da findet man doch einige Grasbüschel oder stachelige Sträucher. Die amerikanischen Wüstentiere haben es etwas besser als ihre Kollegen in Afrika, weil es dort Kakteen gibt, die in afrikanischen Wüsten nicht wachsen.

Ein paar Tautropfen

Der Wüstenfuchs ist ein kleiner Fuchs,
der in der Wüste lebt. Nachts jagt er
Heuschrecken und Echsen, die er
mit Hilfe seiner großen Ohren aufspürt.
Der Wüstenfuchs trinkt sehr wenig.
Ihm genügt der Morgentau.

Der **Skorpion** lebt in
warmen Ländern, obwohl
er Hitze und Sonne nicht
mag. Während der
heißen Tagesstunden
zieht er sich in seinen
Bau zurück und kommt
erst am Abend wieder
heraus.

Der **Wüstenfuchs** hat sehr große
Ohren. Damit kann er nicht nur
Wüstenkäfer in weiter Entfernung
hören, sondern sie dienen ihm auch
zum Wärmeausgleich.

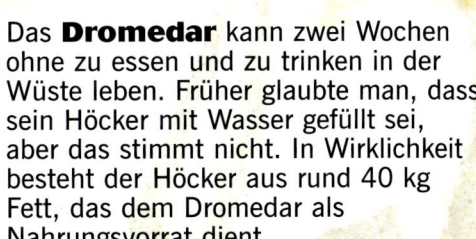

Das **Dromedar** kann zwei Wochen
ohne zu essen und zu trinken in der
Wüste leben. Früher glaubte man, dass
sein Höcker mit Wasser gefüllt sei,
aber das stimmt nicht. In Wirklichkeit
besteht der Höcker aus rund 40 kg
Fett, das dem Dromedar als
Nahrungsvorrat dient.

Wie Tiere schlafen

Tiere müssen auch schlafen und sich erholen, genau wie wir. Manche schlafen nachts, andere lieber tagsüber.

SCHIMPANSEN

Schimpansen verbringen die Nacht in einem Baumnest, aber zwischendurch halten sie auch Ruhepausen auf dem Boden.

WALRÖSSER

Walrösser schlafen auf Felsen, nachdem sie im Meer ihre Nahrung verspeist haben. Manchmal ruhen sie sich auch auf Eisschollen aus.

PRAKTISCHE ZUNGE

Viele Tiere lecken ihre Wunden selbst und säubern sich mit der Zunge, so wie dieses **Reh**.

Wie Tiere sich pflegen

Bei den wilden Tieren gibt es keine Ärzte. Sie müssen sich selber helfen, wenn sie verletzt oder krank sind.

AMEISENBAD

Der **Eichelhäher** nutzt das Ameisengift, um sich von den Parasiten* in seinem Gefieder zu befreien.

Der absolute Langschläfer

Das **Faultier** frisst nur Blätter, und das höchstens zwei Stunden täglich. Den Rest der Zeit schläft es. Dabei klammert es sich mit seinen langen Beinen an Ästen fest

NILPFERDE

Nilpferde schlafen fast den ganzen Tag und futtern nachts Pflanzen.

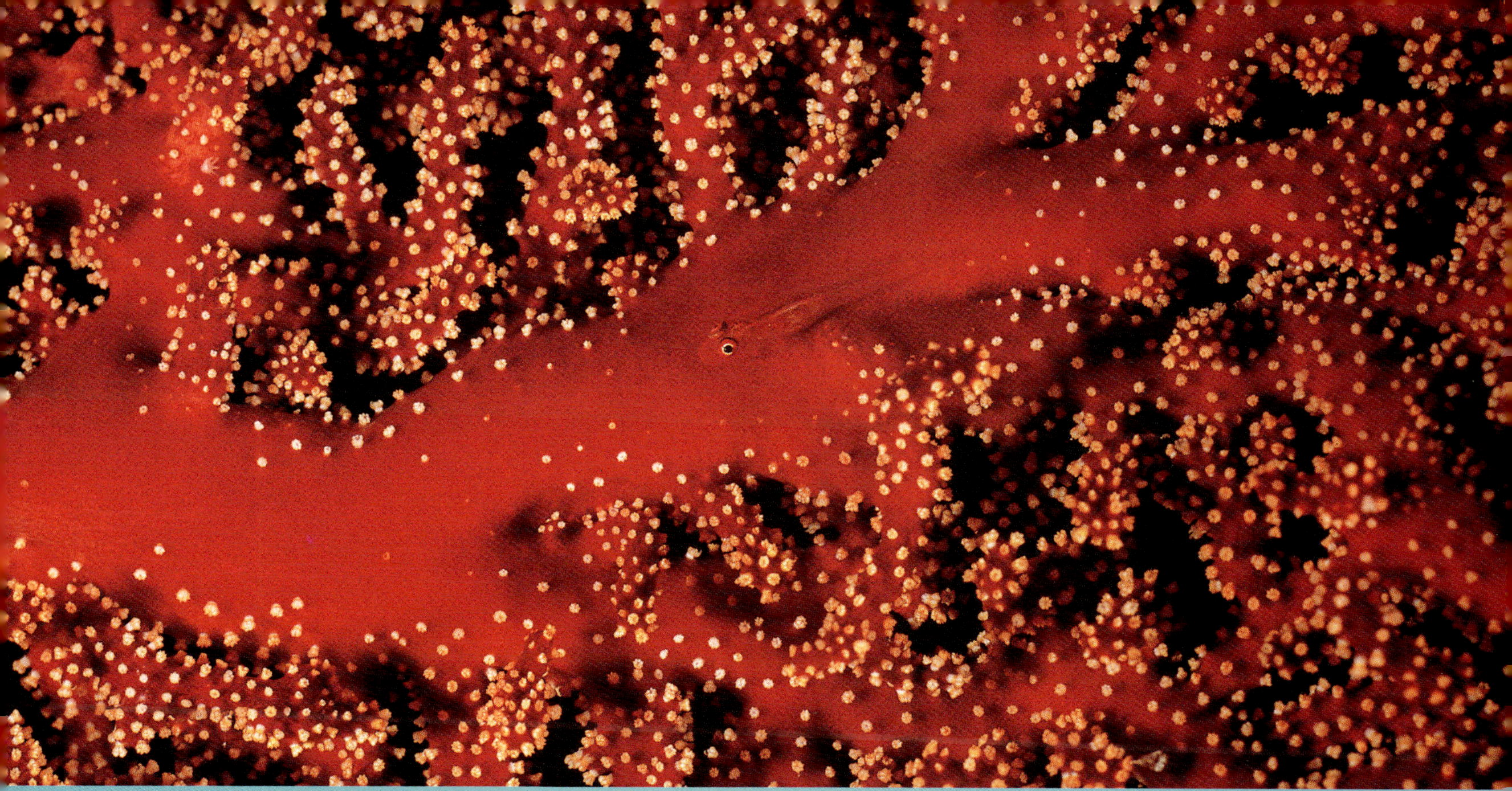

Die Korallengrundel, ein Fisch aus Papua, ist zwischen den Korallen fast nicht zu erkennen.

Die besten Tarnungen

Manche Tiere können sich wunderbar tarnen, weil sie die gleiche Form oder Farbe wie ihre Umgebung haben.

Der Nachtfalter

Er hält sich am liebsten auf Blättern auf. Hier können seine Feinde ihn nicht entdecken.

Der Gepard

Sein getupftes Fell ist in dem Lichtspiel der hohen Steppengräser kaum zu sehen.

Die Vogelschlange

Sie gleicht den Ästen, auf denen sie sich bewegt.

MITEINANDER LEBEN

Manche Tiere leben in Gruppen ...

... andere Tiere leben ganz alleine.

Bienen, Ameisen und Termiten leben in Tierstaaten.

Single oder Pärchen

Manche Tiere leben die meiste Zeit ihres Lebens alleine und suchen sich nur zur Zeugung von Nachwuchs einen Partner. Andere leben für ein paar Monate oder sogar das ganze Leben lang als Pärchen zusammen.

Der **Eisbär** lebt in der Regel alleine. Manchmal tun sich zwei männliche Eisbären zusammen. Ab und zu kommt es sogar vor, dass Eisbären über Jahre hinweg unzertrennlich sind.

Nerze sind absolute Einzelgänger. Männchen und Weibchen treffen sich nur zum Zeugungsakt. Sobald das Weibchen Nachwuchs erwartet, verlässt es das Männchen.

Wie die meisten Raubkatzen* leben auch **Pumas** völlig auf sich allein gestellt. Sie vermeiden möglichst den Kontakt zu anderen Pumas. Männchen und Weibchen treffen nur in der Paarungszeit zusammen. Danach geht jeder schnell wieder seine eigenen Wege.

Krokodile leben teilweise dicht beisammen, aber Männchen und Weibchen kümmern sich nicht umeinander und führen kein Familienleben.

Rotfüchse leben vom Frühjahr bis zum Sommer als Pärchen. Das Männchen füttert das Weibchen zwei Wochen lang nach der Geburt der Jungen. Danach jagen beide gemeinsam, um den Nachwuchs zu ernähren.

Wildschwäne sind sehr treu. Manche schließen sich schon vor ihrem fortpflanzungsfähigen Alter zusammen. Sie verbringen also eine Art Verlobungszeit miteinander.

Königsadler verbinden sich für ihr ganzes Leben. Jedes Paar baut mehrere Nester, und das Weibchen wählt jedes Jahr aufs Neue, wo es seine Eier legen möchte.

? Leben viele Tiere allein?
Die meisten Tiere leben als Pärchen oder in Gruppen zusammen. In der Regel sind nur die Raubtiere Einzelgänger.

Warum leben Raubtiere lieber alleine?
In der Steppe* wächst zum Beispiel genug Gras für eine ganz Herde Zebras, während es für ein Tigerpärchen schwierig wäre, in einem Waldgebiet genügend Beutetiere für beide zu finden.

Tiger leben also allein, weil sie zu zweit nicht genug zu fressen hätten?
Ja, Männchen und Weibchen vermeiden so einen Streit um die Beute.

Familienleben

Die meisten Jungtiere verlassen ihre Eltern, wenn sie ausgewachsen sind. Es gibt aber auch welche, die mehrere Jahre bei ihren Eltern bleiben und mit ihnen eine richtige Familie bilden.

Gibbonaffen leben in asiatischen Wäldern. Das Männchen und das Weibchen bleiben ihr ganzes Leben lang zusammen. Sie ziehen ihren Nachwuchs gemeinsam auf, bis die Jungtiere vier Jahre alt sind. Dann vertreiben sie sie aus ihrem Revier*.

Schwertwale bilden kleine Rudel* aus fünf bis 20 Tieren, die wie eine Familie* zusammenleben. Jedes Rudel sendet andere Lautsignale aus. So können sie ihre Zugehörigkeit erkennen.

Wolfsrudel

Wölfe leben in gut organisierten Familien*, auch Rudel* genannt. Ein Rudel besteht aus den Eltern – dem Anführerpärchen – ihrem neugeborenen Nachwuchs und Jungen des Vorjahres. Weibchen und Männchen haben eine getrennte Rangordnung, wobei an der Spitze das jeweilige Elternteil steht. Anführer des gesamten Rudels ist meist der Leitwolf. Wölfe gehen in der Regel gemeinsam auf Jagd, nur so können sie auch große Tiere, wie z. B. Elche, erlegen.

Dachse leben in Großfamilien in einem gemeinsamen Bau. Dachsfamilien bestehen aus bis zu zwölf Tieren: Einem Männchen und einem oder mehreren Weibchen mit ihren Jungen und ihrem Nachwuchs aus Vorjahren. Eltern und ältere Geschwister beschützen die Kleinsten bei Gefahr, versorgen sie aber nicht mit Futter.

? Aus wie vielen Wölfen besteht ein Rudel?

In der Regel bilden fünf bis acht Wölfe ein Rudel; es kann aber auch auf bis zu 30 Tiere anwachsen.

Bleibt ein Rudel für immer zusammen?

Die Wölfe bleiben zusammen, solange sich nur das Anführerpärchen vermehrt. Wenn sich auch die anderen Wölfe paaren würden, gäbe es zu viel Nachwuchs, und das Rudel brächte sich dadurch in Gefahr.

Und was passiert, wenn die anderen Wölfe sich trotzdem vermehren möchten?

Dann müssen sie das Rudel verlassen, sich einen Partner suchen und eine eigene Familie gründen.

? Sind Tiere nicht leichter zu fangen, wenn sie in Gruppen leben?

Nein, eine Gruppe ist zwar leichter aufzuspüren, aber die einzelnen Tiere sind schwieriger zu fangen. Wenn zum Beispiel ein Löwe eine Büffelherde angreift, laufen die Tiere in alle Richtungen davon, sodass der Löwe oft nicht mehr weiß, welchen Büffel er eigentlich angreifen wollte.

Warum flieht eine ganze Herde Büffel vor nur einem Löwen – warum verteidigen sie sich nicht?

Ob allein oder in einer Herde: Büffel haben immer Angst vor Löwen und flüchten, sobald sie einen sehen.

Aber dann nutzt es doch nichts, wenn sie sich zusammenschließen!

Doch, denn ein einzelner Büffel hätte niemals eine Chance, einem jagenden Löwen zu entkommen.

Leben in der Gemeinschaft

Zum Schutz vor Feinden leben manche Tiere in großen Verbänden, die aus mehreren Familien bestehen. So können sie sich leichter verteidigen.

Ein Nest am Ufer

Im Frühling versammeln sich tausende von Flamingos auf den Sandbänken von Seen oder Teichen. Jedes Paar baut sich dort ein Nest, in das es seine Eier legt und später seinen Nachwuchs großzieht. Obwohl die Flamingos sehr nah beieinander leben, hat jedes Pärchen rund um das Nest einen kleinen privaten Bereich, den die Nachbarn nicht betreten dürfen.

Mehr als 13 000 **Flamingopärchen** bauen ihre Nester an den flachen Gewässern der Camargue, einem Landstrich an der Mittelmeerküste von Südfrankreich.

Die Rentiere Alaskas, **Karibus** genannt, sind Weltmeister im Wandern. Sie können jährlich mehr als 5 000 km zurücklegen.

Die **Löwen** bilden eine Ausnahme unter den Wildkatzen, weil sie in einem Rudel* leben. Dies wird immer von einem starken Männchen angeführt. Die Familien bestehen aber nicht wie bei den Wölfen aus nur einem Paar und ihrem Nachwuchs, sondern der Löwe hat mehrere Weibchen und zeugt mit ihnen Nachwuchs. In einem Löwenrudel gehen nur die Weibchen auf Jagd, trotzdem dürfen die Männchen immer zuerst von der Beute fressen.

Im hohen Norden

Das ganze Jahr über ziehen die Rentiere in Herden über das Land. Im Winter bestehen die Gruppen aus vier bis 30 Rentieren, die von dem Männchen oder Weibchen mit dem mächtigsten Geweih* angeführt werden. Im Sommer versammeln sich die Rentiergruppen zu riesigen Herden von 10 000 bis 100 000 Tieren. Sie ziehen gemeinsam in Regionen, wo sie genügend zu fressen finden.

Der Tierstaat

Bestimmte Insekten wie Bienen, Ameisen oder Termiten leben in perfekt geregelten Gemeinschaften, wo jedes Tier seine Aufgabe hat. Es gibt dort Arbeiter, Wachposten, Pflegemütter und Handwerker ...

Arbeit für jedes Alter

Bienen leben in Kolonien. Ein Bienenvolk besteht aus drei verschiedenen Gruppen: Es gibt eine einzige Königin, ungefähr 2 500 Männchen, Drohnen genannt, und rund 50 000 Arbeiterinnen. Bienen beginnen direkt nach der Geburt zu arbeiten. Ihr Leben ist kurz: Es dauert ungefähr zwei Monate, und während dieser Zeit ändert sich ihre Arbeit entsprechend ihrem Alter.

Ab dem 10. Lebenstag stellen die jungen Bienen **Wachs** für den Bau des Bienenstocks her.

Tief im Bienenstock verborgen verbringt die **Königin** ihre Zeit damit Eier zu legen. Sie ist die älteste Biene, sie kann bis zu sieben Jahre alt werden.

Wie machen die Bienen Honig?

Zunächst besucht jede Biene hunderte von Blumen der gleichen Art, um dort den Nektar, eine süßliche Blütenflüssigkeit, zu sammeln. Anschließend bringt sie den Nektar zum Bienenstock und vertraut ihn den jungen Bienen an.

Um einen Liter Nektar zu sammeln, müssen die Bienen zwischen 20 000 und 100 000 Ausflüge unternehmen.

Was geschieht mit dem Nektar?

Die jungen Bienen mischen den Nektar mit Spucke und horten die Mischung als Futtervorrat in den Waben. Diese werden von anderen Arbeiterinnen mit Wachs verschlossen. Nach und nach wird die Flüssigkeit fest und wandelt sich zu süßem und wohlriechendem Honig.

Was sind Waben?

Das sind kleine sechseckige Räume mit Wänden aus Wachs. Die Bienen stellen sie selbst her, um darin die Eier der Königin und den Honig zu lagern. Eine Wabe wird an die nächste gebaut, zusammen bilden sie den Bienenstock.

Kaum vier Tage alt, übernehmen die jungen Bienen ihre Arbeit als Ammen und ernähren die **Larven***: Die zukünftigen Arbeitsbienen bekommen zunächst den Futtersaft* der Ammen und später Honig und Pollen. Die Königinnenlarven dagegen werden ausschließlich mit dem Futtersaft gefüttert.

Mit 16 Tagen stellen sie **Honig** aus dem von den Honigsammlerinnen zusammengetragenen Nektar her.

Ab dem 20. Lebenstag werden sie **Honigsammlerinnen**. Sie ernten nun selbst den Nektar, aus dem der Honig gemacht wird. Diese Arbeit verrichten sie fünf Wochen lang, bis zu ihrem Tod.

Damit es im Bienenstock nicht zu warm wird, stellen sich Arbeiterinnen am **Eingang des Bienenstocks** auf und fächeln mit ihren Flügeln Luft hinein.

In den ersten drei Lebenstagen **reinigen** die jungen Bienen ihre Geburtswabe.

65

Verständigung

Tiere können sich durchaus untereinander verständigen. Sie unterhalten sich zwar nicht so wie wir, aber sie verstehen sich trotzdem.

Kann man mit Tieren sprechen?
Das ist sehr schwierig. Man kann zwar an manchen Gesten und Körperhaltungen verstehen, was Tiere ausdrücken wollen, aber es ist in der Regel unmöglich, ihre Sprache anzuwenden.

Aber Hunde verstehen doch, was wir ihnen sagen?
Sie verstehen einige Befehle, aber sie reagieren vielmehr auf die Gesten, die wir dabei machen und auf den Tonfall (sanft oder wütend), als auf die einzelnen Worte.

Können Papageien nicht genauso sprechen wie wir?
Manche Papageien können Wörter oder sogar ganze Sätze nachsprechen, aber sie können genauso gut das Geräusch eines Wasserhahns oder ein Motorbrummen nachmachen. Sie wiederholen einfach, was sie hören, aber sie haben nicht die Fähigkeit, im richtigen Moment das passende Wort zu finden.

Die Sprache der Tiere

Tiere verständigen sich mit ihresgleichen hauptsächlich über Körperhaltung, Gesten, Grimassen oder Schreie, aber auch über Gerüche und Farben. Damit können sie Wut, Zuneigung, Drohung und Angst ausdrücken.

Um anderen Tieren zu sagen: „Du bist hier in meinem Gebiet, hau sofort ab, oder ich greife dich an!", schlägt sich der **Gorilla auf die Brust**.

Wenn **ein Affe den anderen laust,** bedeutet das: „Du bist mein Freund, ich mag dich!"

Schreien und heulen

All die verschiedenen Tierschreie haben bestimmte Bedeutungen. Sie können Rivalen vertreiben, Partner anlocken, vor Gefahr warnen, Angst oder Schmerz ausdrücken oder einen Artgenossen* beruhigen. Manche Schreie sind nur für Tiere derselben Art verständlich, andere, wie Angstschreie, werden von allen Tieren verstanden.

Der **Wolf heult** nach seinen Freunden, als wolle er sagen: „Ich bin hier und wo seid ihr?"

Der eigene Lebensraum

Sobald ein Tier erwachsen ist, braucht es einen Lebensraum, in dem es genügend Nahrung und Schutz für seinen Nachwuchs findet. Einzelgänger, wie zum Beispiel die meisten Raubtiere, erobern ein Revier* für sich alleine. Tiere, die als Paar oder in einer Gruppe zusammenleben, nehmen gemeinsam ein Revier ein.

Der **Tiger** tränkt die Bäume rund um sein Revier mit Urin. Er prüft auch gleich, ob andere Tiere diesen Geruch gut wahrnehmen können.

Kojoten und **Bisons** fressen unterschiedliche Dinge und können deshalb in dem gleichen Gebiet leben.

Das Revier markieren

Einige Tiere, wie Tiger oder Hunde, urinieren an Bäume oder Sträucher, um ihr Gebiet abzugrenzen. Man sagt, sie markieren ihr Revier*. An den Gerüchen erkennen andere Tiere, dass sie in dieses Gebiet nicht eindringen dürfen. Gleichzeitig werden mit den Duftmarken Partner angelockt.

Gute Nachbarschaft

Tiere unterschiedlicher Arten* können problemlos ein gemeinsames Revier bewohnen, wenn sie nicht die gleiche Nahrung zu sich nehmen und ihren Nachwuchs an getrennten Orten großziehen. Es ist zum Beispiel möglich, dass eine Bisonherde sich ihre Weiden mit Kojoten teilt. Bisons ernähren sich ausschließlich von Grünfutter und grasen tagsüber, während Kojoten Fleischfresser sind und in der Dämmerung auf Jagd gehen.

Der **Wanderfalke** überfliegt sein Revier oder überwacht es von einem hoch gelegenen Felsen. Wenn ein anderer Wanderfalke in sein Revier eindringt, jagt der Eigentümer ihn sofort schreiend davon.

? Wie sucht sich ein Falke sein Revier aus?

Wie die meisten Tiere auch, sucht sich der Falke ein Gebiet, das noch nicht von anderen Falken besetzt ist und das ihm Schutz und Nahrung bietet.

Bleibt ein Tier sein Leben lang in einem Revier?

Manche Tiere, wie zum Beispiel der Fuchs, behalten immer ein Revier, andere wechseln es mehrmals im Laufe ihres Lebens. Zugvögel müssen ihr Revier jedes Jahr neu erobern, wenn sie aus Afrika zurückkehren.

Wie schaffen es die Zugvögel, ein neues Revier in Besitz zu nehmen?

Diejenigen, die zuerst ankommen, besetzen ein Revier und halten andere Vögel davon ab, sich dort niederzulassen. Meist begrenzen Vögel ihr Revier durch Singen.

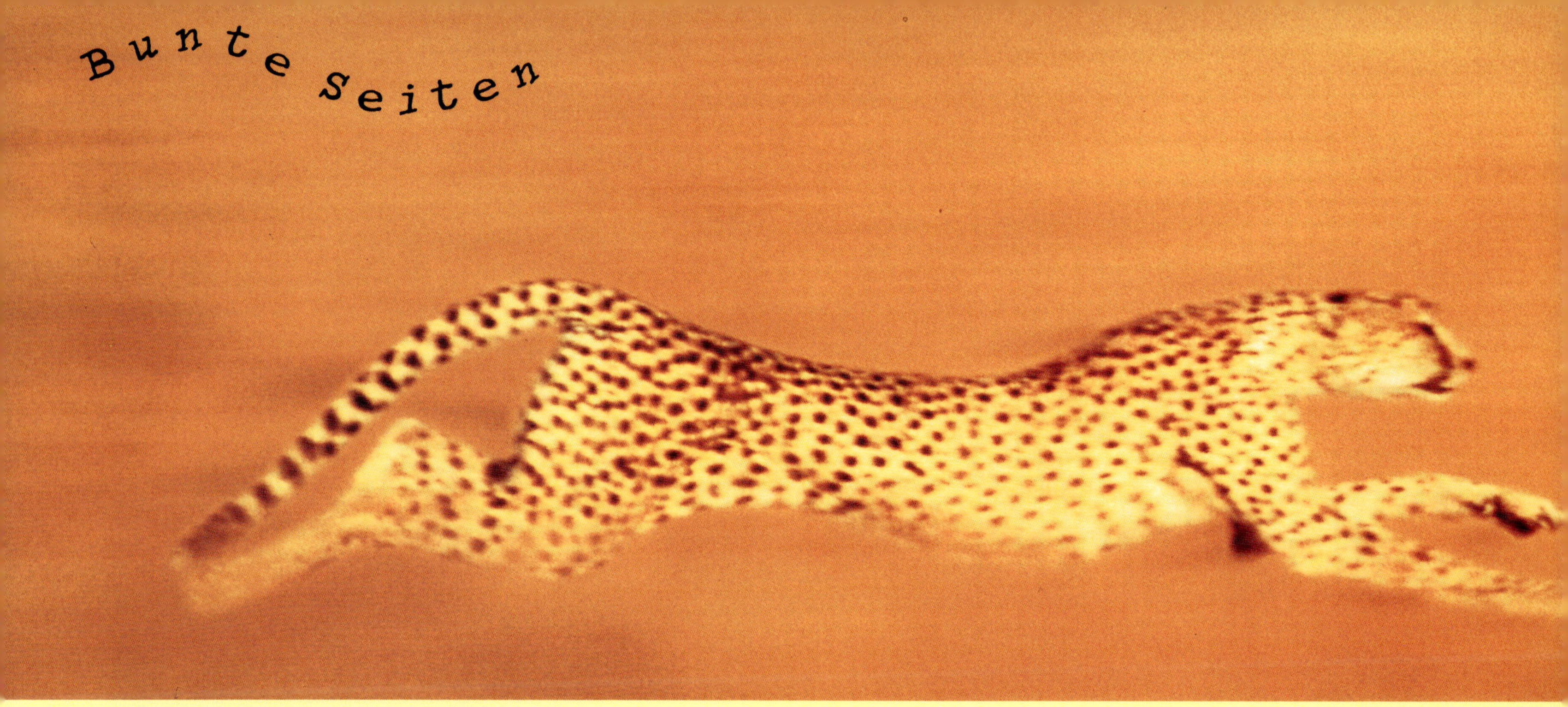

Was können sie b

Tiere können viele Dinge, zu denen Menschen nicht in
sind: Manche laufen rasend schnell, andere leben unte
Hier zeigen wir euch einige Spezialisten aus dem Tierr

Die Kobra

Wie alle Schlangen ist auch die
Kobra praktisch taub. Aber sie
spürt kleinste Erschütterungen,
die vom Boden übertragen
werden.

Delfine

Delfine erkennen mit Hilfe eines
Radarsystems Hindernisse und
auch ihre Beute in der
Dunkelheit unter Wasser.

Der Gepard

Auf kurzen Strecken ist der Gepard der schnellste Läufer: Er erreicht Geschwindigkeiten bis zu 115 km, das heißt, er legt 100 m in 3 Sekunden zurück.

...sser als wir?

...age
...sser ...

Einige Rekorde

Der **Wanderfalke** ist das schnellste Tier der Welt. Er kann schneller als 200 km/h fliegen.

Einige **Nachtfalter** haben einen außergewöhnlichen Geruchssinn.

Die **Waldschnepfe** kann alles um sich herum sehen, ohne den Kopf zu drehen.

Der Wolf

Der Wolf macht seine Beute dank seines feinen Geruchssinns aus. Der Schäferhund, ein naher Verwandter, wird zum Aufspüren von verschütteten Personen eingesetzt.

Tierische Sprichwörter

Ist die Katze aus dem Haus, tanzen die Mäuse auf dem Tisch.

Wenn der Chef nicht da ist, nutzen die Angestellten die Lage aus und machen, was sie wollen.

Hungrig wie ein Wolf sein

Riesigen Hunger haben

Feiges Huhn

Ängstlich, verstört sein

Glücklich wie ein Fisch im Wasser.

Sich irgendwo sehr wohl fühlen

Falsche Schlange

Jemand ist hinterhältig, unehrlich.

Was sind das für Fische?

A Hammerhai

B Clownfisch

C Igelfisch

D Papageifisch

E Franzosen-Kaiserfisch

AUFLÖSUNG : A-2 ; B-3 ; C-5 ; D-1 ; E-4

Erklärungen

A

Aas: Tierleichen, die verwesen, nennt man Aas oder Kadaver.

Art: Zu einer Art zählt man alle Tiere, die sich im Körperbau genau gleichen und miteinander Junge hervorbringen können.

Artgenosse: Ein Artgenosse gehört zur gleichen Art wie ein anderes Tier.

B

Balz: Das Vorspiel zur Paarung nennt man bei Tieren Balz.

Befruchtung: Als Befruchtung bezeichnet man die Vereinigung einer männlichen Samenzelle mit einer weiblichen Eizelle, woraus ein neues Lebewesen entsteht.

Beute: Ein Beutetier wird von einem anderen Tier gefangen und gefressen. Die Gazelle ist beispielsweise die Beute eines Löwen.

E

Energie: Energie ist Körperkraft. Sie ermöglicht es dem Körper eine Arbeit zu verrichten, also zum Beispiel sich zu bewegen oder warm zu werden. Energie wird aus der Nahrung gewonnen.

F

Familie: Im Tierreich bilden sich Eltern-, Vater- oder Mutterfamilien, je nachdem, ob beide Eltern oder nur ein Elternteil den Nachwuchs pflegt.

Futtersaft: Eiweißreicher Futtersaft, der in den Schlund- und Kieferdrüsen der jungen Ammenbienen gebildet wird und zur Ernährung der Bienenlarven dient.

G

Geweih: Das Geweih eines Tieres sind die zweigförmigen Hörner, die es auf dem Kopf trägt.

L

Larve: Bei manchen Eier legenden Tieren wachsen die Jungtiere über eine Zwischenform heran. Diese sieht oft völlig anders aus als die erwachsenen Tiere. Die Raupe ist zum Beispiel die Larve eines Schmetterlings.

P

Parasit: Ein Parasit ist ein Lebewesen, das auf oder in einem anderen Tier oder Menschen (auch „Wirt" genannt) lebt und sich von ihm ernährt.

Pigment: Ein Pigment ist ein Farbstoff, der in den Zellen von Menschen, Tieren oder Pflanzen enthalten ist.

Plankton: Als Plankton bezeichnet man die Lebensgemeinschaft von frei im Wasser schwebenden Pflanzen und Tierchen.

R

Raubkatzen: Fleisch fressende Säugetiere, die zur Familie der Katzen gehören.

Revier: Ein Revier ist ein Gebie, das von einem einzelnen Tier oder einer Gruppe in Beschlag genommen wird, und das kein anderer einfach betreten darf.

Ricke: So wird das weibliche Reh genannt.

Röhren: Der Schrei von Hirschen, Elchen oder Rentieren, mit dem sie auf sich aufmerksam machen.

Rudel: Ein Rudel ist eine Gruppe von Tieren, die zusammenlebt.

S

Säugetiere: Die Säugetiere bilden eine Klasse der Wirbeltiere. Die Jungtiere wachsen im Bauch der Mutter heran und werden nach der Geburt gesäugt. Bis auf Wale und Delfine haben alle ein Fell.

Steppe: Die Steppe ist eine weite Ebene in halbtrockenen Gebieten, die mit Gräsern und vereinzelten Sträuchern bewachsen ist.

Stillzeit: Dies ist der Zeitraum, in dem junge Säugetiere mit Muttermilch ernährt werden.

T

Tarnung: Tiere (oder auch Menschen!) benutzen vielfältige Methoden, um sich vor Feinden unsichtbar zu machen, Beute zu jagen oder Partner anzulocken. All das bezeichnet man als Tarnung.

Tierstaat: Als Tierstaat bezeichnet man die Gemeinschaft vieler mit- und füreinander lebender Artgenossen. Das Zusammenleben ist bestens geregelt. Jeder übernimmt eine bestimmte Aufgabe und arbeitet gleichzeitig für das Wohl aller.

Tierwanderung: Manche Tiere unternehmen regelmäßig weite Wanderungen, weil es in ihrem Revier zu kalt oder zu trocken wird oder weil sie kein Futter mehr finden. Manchmal wandern Tiere auch, weil sie aus ihrem Revier vertrieben werden.

Tragzeit: Die Tragzeit ist die Dauer der Schwangerschaft bei Säugetieren. Sie gibt die Zeit an, wie lange das Tierkind im Bauch der Mutter getragen wird.

Tropen: Nördlich und südlich des Äquators zieht sich ein schmaler Landstrich um den Erdball. Das sind die Tropen, die heißesten Gebiete der Erde. Es regnet dort fast täglich.

Tropischer Regenwald: Der tropische Urwald ist ein üppiger und immergrüner Wald in den Tropen. Dort wachsen sehr viele verschiedene Bäume, und vor allem in ihren Wipfeln leben tausende Tierarten.

Register

Bildnachweis